Johann Freidrich Seyfart

Der durchlauchtigen Welt vollständiges Wappenbuch

Welcher die Reichsgräflichen Wappen Nro. 105. bis 194. enthält und diesen Band

beschließt

Johann Freidrich Seyfart

Der durchlauchtigen Welt vollständiges Wappenbuch
Welcher die Reichsgräflichen Wappen Nro. 105. bis 194. enthält und diesen Band beschließt

ISBN/EAN: 9783743477803

Hergestellt in Europa, USA, Kanada, Australien, Japan

Cover: Foto ©ninafisch / pixelio.de

Weitere Bücher finden Sie auf **www.hansebooks.com**

Der
durchlauchtigen Welt
vollständiges
Wappenbuch
zweyten Bandes
Dritter Theil
welcher
die Reichsgräflichen Wappen Nro. 105.
bis 194. enthält
und diesen Band beschließt.

Nürnberg,
auf Kosten der Raspischen Handlung. 1771.

Verzeichniß
der in diesem Theile enthaltenen
Reichsgräflichen Wappen.

105. Czeika
106. Dallwitz.
107. Daun.
108. Deblin.
109. Degenfeld.
110. Desoeffi.
111. Deym.
112. Diesbach.
113. Doenhof.
114. Dohna.
115. Donop.
116. Draskowitz.
117. Dyhrn.
118. Effern.
119. Egg von Hungersbach.
120. Egmond von Büren.
121. Eickstett.
122. Einsiedel.
123. Elz
124. Engel von Wagrin.

125. Enzenberg.
126. Erdödi.
127. Erlach.
128. Eyck.
129. Falkenhäyn.
130. Felsberg.
131. Ferrari.
132. Finkenstein.
133. Firmian.
134. Flemming.
135. Forgacz.
136. Frankenberg.
137. Froberg.
138. Fuchs.
139. Fünfkirchen.
140. Gallas.
141. Gall von Gallenstein.
142. Gaschin.
143. Geannini.
144. Geisruck.

145. Gelhorn.
146. Gersdorf.
147. Geyersberg.
148. Ghistelli.
149. Giech.
150. Goder.
151. Goetzen.
152. Goldstein.
153. Grævenitz.
154. Grüne.
155. Gurland.
156. Haake.
157. Haddick.
158. Haimhausen.
159. Haller.
160. Hallweil.
161. Hamilton.
162. Hardegg.
163. Harrach.
164. Harras.
165. Hartig.
166. Haslang.
167. Haslingen.
168. Haugwitz.
169. Haxthausen.

170. Hayster.
171. Henkel.
172. Hennin.
173. Herberstein.
174. Heysenstam.
175. Hillesheim.
176. Hochberg.
177. Hochstetten.
178. Hodicz.
179. Hoensbruch.
180. Hoerwart.
181. Hogendarp.
182. Hohenfeld.
183. Holk.
184. Hollenstein.
185. Holstein.
186. Holzendorf.
187. Hompesch.
188. Horion.
189. Horn.
190. Horn von Gæspæk.
191. Horst.
192. Hoym.
193. Hoyos.
194. Hund von Lauterbach.

Wappen der Grafen von Czeika

Wappen der Grafen von Dallwitz.

Wappen der Grafen von Daun.

Wappen der Grafen von Deblin.

Wappen der Grafen von Degenfeld.

110.

Wappen der Grafen von Desoeffi.

Wappen der Grafen von Deÿm.

Wappen der Grafen von Diesbach.

Wappen der Grafen von Doenhof.

113.

Wappen der Grafen von Dohna.

Wappen der Grafen von Donop.

Wappen der Grafen von Draskowitz

Wappen der Grafen von Dyhrn.

Wappen der Grafen von Effern.

Wappen der Grafen Egg. von Hungersbach.

Wappen der Grafen Egmond von Büren.

Wappen der Grafen von Eickstett.

122.

Wappen der Grafen von Einsiedel.

Wappen der Grafen von Elz.

Wappen der Grafen Engel von Wagrin.

Wappen der Grafen von Enzenberg.

Wappen der Grafen von Erdödi.

Wappen der Grafen von Erlach.

Wappen der Grafen von Eyck

Wappen der Grafen von Falckenhayn.

Wappen der Grafen von Felsberg.

Wappen der Grafen von Ferrari.

Wappen der Grafen von Finkenstein.

132.

Wappen der Grafen von Firmian.

Wappen der Grafen von Flemming.

134.

Wappen der Grafen von Forgacz.

Wappen der Grafen von Franckenberg.

Wappen
der Grafen von Froberg.

137.

Wappen der Grafen von Fuchs.

Wappen der Grafen von Fünfkirchen.

Wappen der Grafen von Gallas.

Wappen der Grafen Gall von Gallenstein.

Wappen der Grafen von Gaschin.

Wappen der Grafen von Geannini.

Wappen der Grafen von Geisruck.

Wappen der Grafen von Gelhorn.

Wappen der Grafen von Gersdorff.

Wappen der Grafen von Geyersberg.

Wappen der Grafen von Ghistelli.

Wappen der Grafen von Giech.

Wappen der Grafen von Goder.

Wappen der Grafen von Goetzen.

Wappen der Grafen von Goldstein.

Wappen der Grafen von Graevenitz.

Wappen der Grafen von Grüne.

Wappen der Grafen von Gurland.

Wappen der Grafen von Haake.

156.

Wappen
der Grafen von Haddick.

Wappen
der Grafen von Haimhausen.

Wappen der Grafen von Haller.

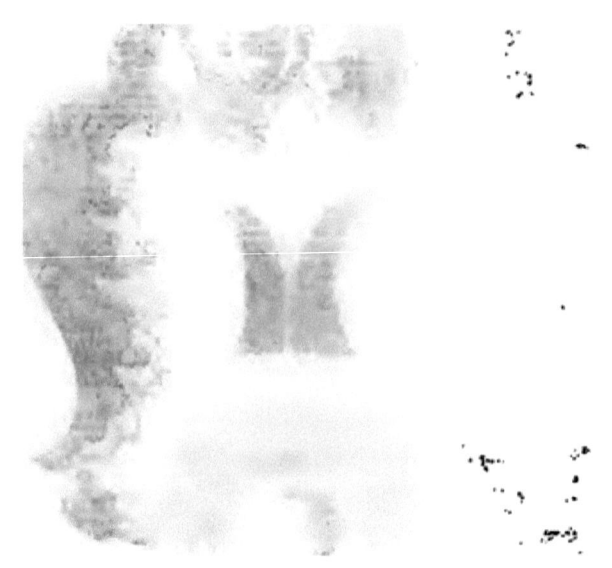

Wappen der Grafen von Hallweil.

Wappen der Grafen von Hamilton.

Wappen der Grafen von Hardegg.

162.

163.

Wappen der Grafen von Harrach.

Wappen der Grafen von Harras.

163.

Wappen der Grafen von Hartig.

Wappen der Grafen von Haßlang.

Wappen der Grafen von Haßlingen.

Wappen der Grafen von Haugwitz

Wappen
der Grafen von Haxthausen. 169.

Wappen der Grafen von Haÿster.

Wappen der Grafen von Henckel.

Wappen der Grafen von Hennin.

Wappen der Grafen von Herberstein.

Wappen der Grafen von Heyſenſtam.

Wappen der Grafen von Hillesheim.

Wappen der Grafen von Hochberg.

177.

Wappen der Grafen von Hochstetten.

Wappen der Grafen von Hodicz.

Wappen der Grafen von Hoensbruch.

Wappen der Grafen von Hoerwart.

Wappen der Grafen von Hogendarp.

Wappen
der Grafen von Hohenfeld.

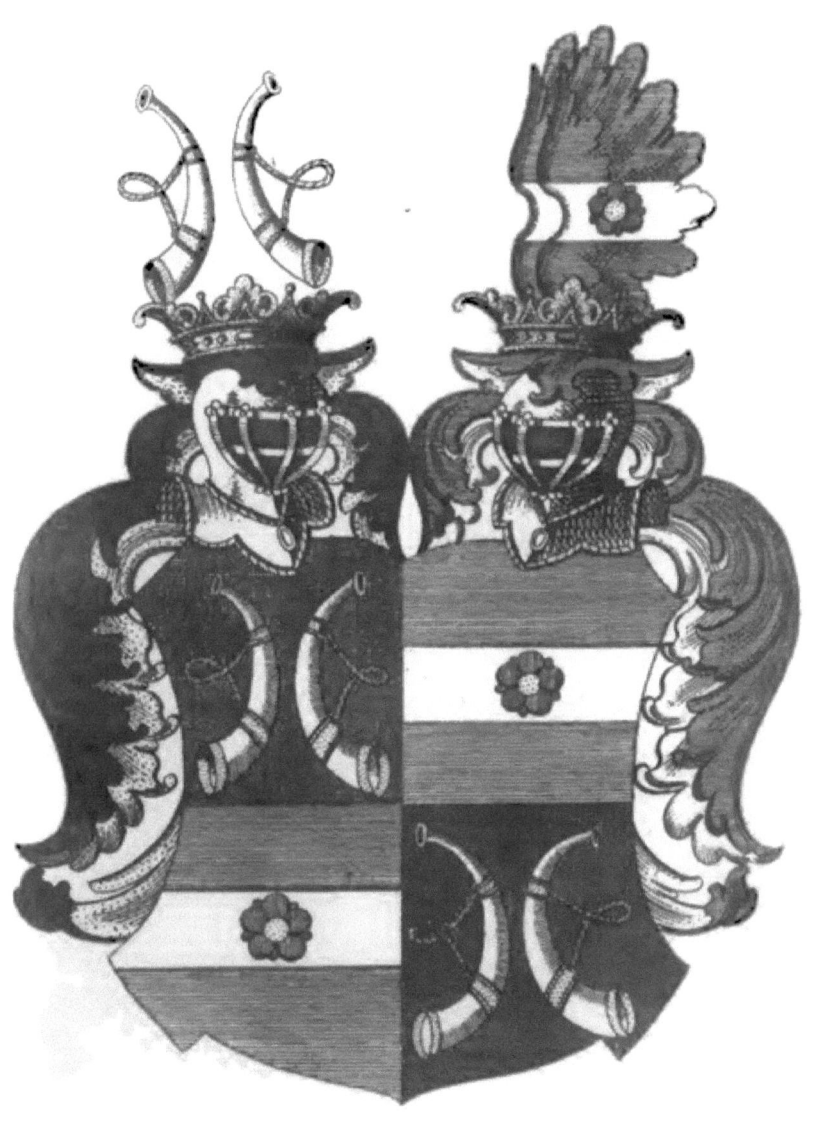

Wappen der Grafen von Holk.

Wappen der Grafen von Hollenstein.

Wappen der Grafen von Holstein.

Wappen
der Grafen von Holzendorf.

Wappen der Grafen von Hompesch.

Wappen der Grafen von Horion.

Wappen der Grafen von Horn.

189.

Wappen der Grafen Horn von Gæspeck

190.

Wappen der Grafen v. d. Horst.

Wappen
der Grafen von Hoÿm.

192.

Wappen der Grafen von Hoyos.

Wappen der Grafen Hund von Lauterbach.